AF313203

LE CAPITAINE

MAURICE

GERMAIN DE MONTAUZAN

LE CAPITAINE

MAURICE

GERMAIN DE MONTAUZAN

Le 27 octobre 1925, la famille du capitaine Maurice Germain de Montauzan apprenait avec la plus poignante douleur la brusque nouvelle de sa mort à l'ennemi, au Maroc, où il commandait la première batterie du régiment d'artillerie coloniale. Il avait été frappé mortellement d'une balle, au camp de Tizi-el-Majen, le 15 octobre, à 6 heures du matin, au moment où, sortant de sa tente, il donnait ses ordres de tir, le camp se trouvant subitement attaqué par un groupe de dissidents. Cette mort avait provoqué une véritable stupeur parmi ses soldats, ses camarades, ses chefs, et dans tout le Maroc, où ce vaillant officier était universellement connu et aimé. Que dire de la désolation des siens, qui non seulement l'aimaient comme on aime le plus affectueux et le plus doux des enfants et des proches, mais, depuis ses plus jeunes années, trouvaient en lui le modèle accompli de toutes les qualités et de toutes les vertus !

Ils croient devoir aujourd'hui rappeler en ces quelques pages ce que fut l'homme et l'officier, non par un récit détaillé de sa vie, ni même par un recueil de ses propos écrits ou parlés, ce que n'eût pas voulu son extrême modestie, mais simplement par des témoignages venus après sa mort de ceux qui le connurent à la guerre, en France, puis au Maroc où il avait voulu continuer de servir son pays en combattant, et qui, le fréquentant chaque jour, vivant de la même vie, ont compris tout ce que valait cette âme d'élite, cette grande âme de soldat.

NOTICE BIOGRAPHIQUE

Maurice-Michel-Etienne Germain de Montauzan était né le 15 février 1896, à Lacenas (Rhône). Il avait commencé ses études au Lycée de Saint-Etienne, et les avait continuées au Lycée de Lyon, en se faisant remarquer par son ardeur au travail autant que par ses brillants succès. Lauréat du prix d'honneur de Mathématiques, reçu bachelier avec des mentions exceptionnellement honorables, il se préparait à l'Ecole Polytechnique et avait déjà fait un an de Mathématiques spéciales quand, en 1914, éclata la guerre. Malgré son jeune âge, — il n'avait alors que dix-huit ans, — il voulut à tout prix s'engager. Dès le mois de novembre, il entra comme élève-aspirant au 54ᵉ d'artillerie à Lyon, puis au 6ᵉ à Valence. Au mois de mai 1915, reçu aspirant, il faisait un stage à Fontainebleau, et en août suivant, versé au 8ᵉ régiment (20ᵉ corps), il combattait en Lorraine et en Champagne. Dès les premiers jours de l'attaque de Verdun par les Allemands, il était avec sa batterie à la fameuse *cote 304,* où sa bravoure le distinguait. Nommé sous-lieutenant au mois de juin 1916, il revenait au 54ᵉ. Mêlé à toutes les actions auxquelles participa le régiment depuis cette époque jusqu'à la fin de la guerre (Verdun, chemin des Dames, Somme, mont Kemmel, montagne de Reims), promu lieutenant à titre définitif en 1918, et constamment remarqué entre tous pour ses actes de vaillance, il était décoré de la croix de guerre et quatre fois cité : à l'ordre de l'Armée, du Corps d'armée, de la Division et de la Brigade.

A l'armistice, il fut envoyé à Metz, où il reprit, avec les jeunes officiers dont la guerre avait, comme pour lui, interrompu les études scientifiques, sa préparation à l'Ecole Polytechnique. Il y fut reçu dans un excellent rang au mois de septembre 1919, en sortit de même en 1921, et voulut poursuivre la carrière militaire. En entrant à l'Ecole de Fontainebleau, il demanda à passer dans l'artillerie coloniale, pour servir le pays de façon plus continuellement active, et avoir à chaque instant l'occasion de se dévouer. Elle ne lui manqua jamais. Ayant sollicité et obtenu l'honneur d'être envoyé au Maroc, il s'embarqua pour s'y rendre, le 15 octobre 1922, trois ans jour pour jour avant sa mort glorieuse. En garnison d'abord à Tadla, au Sud-Est, il partait en campagne dans le Nord au mois d'août suivant, et dès cette première expédition était cité avec attribution de la croix de guerre des T. O. E. (Théâtres des Opérations Extérieures), croix avec palme. Cette distinction lui fut renouvelée en 1925. Entre temps, en 1924, promu capitaine, il était décoré de la Légion d'honneur. Dans ces trois campagnes, il acquit une réputation de commandant de batterie hors ligne, d'une bravoure à toute épreuve, d'une activité infatigable, d'une remarquable capacité technique, et surtout d'un dévouement et d'une bonté à l'égard de ses hommes, qui lui attirèrent de leur part, selon les termes de sa citation posthume, une véritable vénération.

C'est qu'il y avait en lui la source la plus féconde de l'attachement au devoir et de l'abnégation : l'esprit chrétien, la foi chrétienne. La mort de sa mère, survenue au mois de janvier 1925, et à laquelle il ne put même assister, prévenu trop tard de la gravité de la maladie, et arrivé seulement pour les obsèques, lui porta au cœur le coup le plus douloureux, mais développa plus que jamais en son âme le goût mystique du sacrifice, du don absolu de soi-même. Il s'attendait à la mort héroïque du soldat. On peut dire qu'il la souhaitait. Hélas ! il l'obtint.

Enseveli provisoirement au cimetière de Guercif (région de Taza), dont le camp a reçu en son honneur le nom de *Camp de Montauzan*, il a été ramené en France le 25 mars 1926 et inhumé à Lacenas (Rhône), dans le tombeau de sa famille, où il repose auprès de sa mère si tendrement aimée.

Sa mère n'est plus ; mais son père peut dire en toute sincérité, au nom de celle-ci comme au sien, qu'ils eurent en lui le modèle des fils, et qu'il n'a jamais entretenu de son vivant dans leurs cœurs que de la tendresse, de la joie et de la fierté.

CITATIONS

GUERRE FRANCO-ALLEMANDE (1914-1918)

Ordre du XIVe Corps d'armée (13 juin 1917).

Officier d'une bravoure à toute épreuve, ayant montré à plusieurs reprises son mépris absolu du danger. Le *20 mars 1917*, 23 hommes de sa batterie ayant été ensevelis sous un éboulement provoqué par un violent bombardement de gros calibre, a organisé les secours malgré les projectiles qui tombaient autour de lui, et blessaient plusieurs des travailleurs. Pendant quarante-huit heures, a pris juste le repos indispensable.

Ordre de la 4e brigade du Maroc (18 juin 1917).

Pendant les combats des *8 et 9 juin 1917*, s'est distingué par ses belles qualités militaires et professionnelles, dirigeant son tir sans arrêt, malgré un violent bombardement, contribuant ainsi largement au succès définitif de nos contre-attaques.

Ordre de l'Armée (5 juin 1918).

A assuré la liaison d'infanterie d'une façon parfaite, apportant lui-même les renseignements à travers une zone violemment et incessamment bombardée par obus de tous calibres.

Ordre de la 28e division (21 octobre 1918).

Officier remarquable. Commandant une section avancée mise à la disposition d'un chef de bataillon d'infanterie de première ligne, pendant les attaques du *20 septembre au 30 octobre 1918*, s'est constamment porté aux postes les plus avancés pour rechercher les objectifs gênant la progression de l'infanterie.

GUERRE DU MAROC (1922-1925)

Croix de guerre des T. O. E. avec palme (19 décembre 1923).

Jeune officier d'une grande valeur professionnelle à laquelle il joint les plus brillantes qualités militaires. Cité quatre fois au cours de la guerre, s'est à nouveau distingué au Maroc en 1922 et 1923, en particulier au combat de *Berkine*, le *11 avril*, où il brisait par ses feux une attaque dissidente parvenue jusqu'à ses pièces. Commandant une section de 95 au combat de *Taddout*, le *26 juin 1923*, s'est signalé à nouveau par son courage personnel et son habileté manœuvrière, contribuant par l'efficacité de ses tirs au succès de la journée.

Légion d'honneur (24 décembre 1924).

Germain de Montauzan (Maurice), capitaine d'artillerie coloniale du Maroc : onze ans de service, six campagnes, six citations.

Titres exceptionnels : s'est distingué dans toutes les affaires auxquelles il a pris part, et en particulier à l'attaque de *Taourirt*, le *16 octobre 1924*, où sa batterie de 75 a brisé la résistance de l'adversaire et permis sans trop de pertes l'occupation de cette importante position.

Croix de guerre des T. O. E. avec palme (28 juin 1925).

Officier d'artillerie aussi brillant que modeste. Tireur remarquable. Le *23 juin 1925*, pendant le combat de *Téroual*, a dirigé avec une bravoure et un calme superbes le tir de ses pièces, en butte au feu nourri des dissidents nombreux et rapprochés, et a permis par son appui efficace la progression rapide de l'infanterie.

Ordre de l'Armée. Citation posthume (15 octobre 1925).

Officier d'élite, d'une haute intelligence et d'une grande intrépidité au feu ; s'occupait avec grande diligence du bien-être de ses hommes, très aimé d'eux. Excellent commandant de batterie, réputé parmi les troupes du Maroc. Mort au champ d'honneur, tué par balle le 15 octobre 1925, au combat de Tizi-el-Majen.

LETTRES

ET

ALLOCUTIONS

LETTRE DU COLONEL BIDON

Commandant le régiment d'artillerie coloniale du Maroc

A M. C. GERMAIN DE MONTAUZAN

A LYON

Fez, le 3 novembre 1925.

Monsieur,

Je viens de recevoir votre douloureuse lettre du 29 octobre. Je ne suis pas encore en mesure de vous fournir tous les renseignements que vous souhaitez, si justement d'ailleurs. Je vous envoie sans tarder ceux dont je dispose.

Le capitaine de Montauzan était le meilleur commandant de batterie du régiment. Sa renommée d'artilleur intrépide et très allant, adroit dans la maneuvre et sûr dans ses tirs, était universelle au Maroc.

Sa mort a causé à tous ceux auxquels j'ai dû l'annoncer, notamment au général commandant l'artillerie, de visibles et vifs regrets.

Je ne l'ai appris moi-même que par un coup de téléphone fort bref, puis, deux heures après, par une lettre (d'un lieutenant du régiment récemment détaché dans l'aviation) m'annonçant les obsèques. Ces obsèques ont été bien simples ; mais il ne pouvait être mieux fait dans le poste de l'arrière, Guercif, où le corps venait d'être transporté...

Je dois passer prochainement à Guercif, sauf imprévu ; je ne manquerai pas de me rendre auprès de la tombe de mon jeune et très aimé camarade.

Dès maintenant, j'écris au Commandant de groupe de celui-ci, pour le prier (s'il en était besoin) de recueillir les objets ayant appartenu à son plus vaillant capitaine, tombé au champ d'honneur.

Enfin, je crois devoir joindre à la présente lettre le libellé de la dernière et belle citation obtenue par votre fils.

Je vous prie, Monsieur, de croire à la part que je prends, de tout cœur, à votre immense douleur.

C^{el} H. BIDON.

LETTRE DU CHEF D'ESCADRON GERMAIN

Commandant le 1ᵉʳ groupe du régiment d'artillerie coloniale du Maroc

A M. C. GERMAIN DE MONTAUZAN

A LYON

23 novembre 1925.

Monsieur,

Si ce pouvait être une consolation pour vous que de savoir en quelle haute estime je tenais le capitaine de Montauzan, votre fils, j'en serais heureux dans mon chagrin d'avoir perdu un tel officier. Le lieutenant de Saint-Julien vous a écrit quels ont été ses derniers moments : ils furent dignes de son grand et noble caractère. Il nous a reconnus, il m'a reconnu, moi, son commandant, a eu la force de me sourire, lui qui allait mourir et le savait; il a même esquissé un geste de salut à mon adresse en me disant : « Ah! mon Commandant, je sens que je suis perdu, c'est la fin! » Il m'a fallu refouler une douleur prête à éclater, pour trouver quelques paroles d'illusion, qui n'eurent d'ailleurs aucun effet, car votre fils était certain de sa fin toute proche. J'ai déposé sur son front un baiser d'adieu; il m'a dit : « Merci, mon Commandant. » Puis, un peu plus tard, quand l'agonie a commencé, nous n'avons pu retenir nos larmes.

Ce qu'était votre fils, Monsieur?... Je pourrais vous résumer mon opinion sur lui en peu de mots ; je pourrais n'en dire que ceci : je considère comme un honneur de ma carrière d'avoir eu un tel capitaine sous mes ordres. Je ne chercherai pas à atténuer votre chagrin en forçant l'éloge du capitaine de Montauzan pour cette malheureuse circonstance. Voici ce que je disais au colonel Duffour, commandant la colonne le 11 octobre, c'est-à-dire quatre jours avant sa mort. Le colonel me demandant quels officiers j'avais sous mes ordres : « Tenez, voici le capitaine de Montauzan, mon colonel ; oh! celui-là est un commandant de batterie unique ; c'est celui que ses camarades au Maroc appellent le saint, l'apôtre, c'est tout dire. » Inutile de vous dire, Monsieur, que votre fils ne pouvait entendre un pareil éloge, car, avec sa légendaire modestie, je lui aurais infligé le plus cruel supplice. Le colonel Duffour, en apprenant sa mort, sachant dans quelle estime je le tenais, a dit devant moi : « C'est une perte irréparable. » C'en est une, hélas! et je puis bien vous l'avouer, à vous son père : quand je pense à la fin de notre cher de Montauzan, je ne puis garder les yeux secs. Interrogez un de ses hommes au hasard, prenez le moins bon, il vous dira qu'il aimait son capitaine. On était fier d'appartenir à la batterie de Montauzan. Les hommes avaient pour lui une véritable vénération, et je puis dire que je n'ai jamais vu cet « esprit de batterie » poussé à un pareil degré. Qui ne connaissait au Maroc la batterie de Montauzan ? Avant de la prendre sous mon commandement, j'en avais entendu force éloges, et j'étais impatient de connaître la belle figure de votre fils, dont j'avais entendu tant de bien.

Je voudrais, Monsieur, que vous soyez parfaitement assuré que tout ce que je dis là du capitaine de Montauzan n'est pas un éloge forcé pour atténuer par votre fierté d'avoir eu un tel fils la douleur de l'avoir perdu. Ce que j'ai dit et pensé de lui avant sa mort était identique à ce que j'ai dit et pensé après elle. A mes deux adjoints, il y a une semaine, je confiais : « Vous avez connu là une des plus belles figures de soldat qui existaient; pour connaître un aussi beau caractère, il valait la peine de venir à ce groupe. » Aussi je suis inconsolable de sa perte.

Vous me demandez, Monsieur, de vous faire parvenir le texte de l'allocution que j'ai prononcée sur sa tombe. Elle était certainement émue, mais elle n'était pas « magnifique » : je n'aurais pas pu la prononcer telle. En réalité, j'ai eu grand'peine à aller jusqu'au bout. Je l'ai rétablie pour vous; j'ai retrouvé, je crois, tout ce que j'ai dit sur la tombe de votre fils. Ce sont de pauvres phrases, dénuées de toute éloquence; mais ce qui est unique dans cette allocution, c'est qu'il n'est pas une de ces phrases qui ne contienne l'expression sincère de ma pensée, de notre pensée à tous; et je puis vous assurer que le ton n'était pas celui d'un discours officiel. Nous étions là entre nous, ses camarades, *sa batterie,* et c'est notre cœur qui a parlé par ma voix. J'ai même dû terminer un peu brusquement, car je voyais bien des visages de sous-officiers et canonniers, d'officiers, soit crispés, soit en larmes, et je n'étais plus sûr de pouvoir me contenir...

Je vous prie de croire, Monsieur, à mes sentiments de dévouement et de respect.

C^t GERMAIN.

ALLOCUTION

PRONONCÉE LE 31 OCTOBRE 1925

PAR LE COMMANDANT GERMAIN

A GUERCIF (Maroc)

SUR LA TOMBE DU CAPITAINE GERMAIN DE MONTAUZAN

Tué à l'ennemi le 15 Octobre 1925

Vour retracer la carrière du capitaine de Montauzan, ce sera facile; elle se résume en deux mots: la guerre. La guerre en France et la guerre au Maroc. Entre les deux se place son séjour à l'Ecole Polytechnique. Sur le front français, où il fait noblement et courageusement son devoir, il obtient quatre citations. Au Maroc, le capitaine de Montauzan est constamment à la peine. Sa vaillante conduite lui vaut trois nouvelles citations. Vous, ses compagnons de combat, mieux que quiconque saviez de quelle noble trempe était votre capitaine; vous l'avez vu, avec vous, traverser les plus rudes épreuves avec le même courage, tranquille et souriant, jusqu'au jour où une balle est venue le frapper mortellement à Tizi-el-Majen le 15 octobre.

La figure du capitaine de Montauzan était légendaire au Maroc; aussi la nouvelle de sa mort, je le sais déjà, a-t-elle provoqué la consternation. Et que dirai-je de notre doulou-

2

reuse émotion? Vous tous ses subordonnés, vous ses camarades, et moi son commandant, nous tous qui l'aimions savons mieux, s'il est possible, de quel prix est notre perte. *Le saint, l'apôtre,* l'a-t-on appelé ; oui, c'est un saint, un saint militaire, que nous avons perdu.

Brave de Montauzan! Vous revoyez avec moi ce visage plein de douceur, son regard d'une lumineuse bonté. Vous savez quelle ferme volonté se cachait sous cette douceur; vous connaissiez tous cet ardent désir de toujours aller de l'avant; vous saviez qu'il ne voyait pas d'existence possible en dehors du *baroud*[1]. Vous, ses canonniers, vous, sa batterie, vous étiez tout pour lui. Et que vous dirai-je, moi son commandant? C'est un honneur de ma carrière d'avoir eu un tel officier sous mes ordres.

Beaucoup d'entre vous ont reçu la Croix de guerre après les rudes affaires des 15, 16 et 18 octobre à Tizi-el-Majen et au col de Sidi-Abdallah-Yacoub. Tous n'ont pu être récompensés pour leur vaillante conduite. Mais quand vous rentrerez, quand on vous demandera ce que vous avez fait au Maroc, vous répondrez: « J'étais à la batterie de Montauzan. » Cela, c'est une croix de guerre.

Mon cher de Montauzan, nous sommes ici tous autour de toi, tes camarades, tes sous-officiers, tes canonniers. Nous sommes ici réunis pour t'adresser notre adieu, pour te dire que ton souvenir brûlera dans nos cœurs comme une flamme très pure. Nous ne pouvons t'oublier, toi le capitaine sans peur et sans reproche!

[1] *Baroud* (mot arabe), combat.

LETTRE DU COMMANDANT MARCHAT

Ancien chef d'escadron au 54ᵉ régiment d'artillerie

A M. C. GERMAIN DE MONTAUZAN

A LYON

Les Sablettes (la Seyne), 31 octobre 1925.

Monsieur,

Aujourd'hui, précisément à cette heure-ci où vous cherchez à genoux le grand Recours, un ami de Maurice est avec vous en pensée et de tout son cœur. Un ami qui a la moustache blanche, il est vrai; qui est de votre génération, et non point de celle de votre fils; qui a, tout d'abord, été un chef, un conseiller, un guide. Mais bientôt, ce beau type d'officier : sain de corps et d'esprit, brave entre les plus braves; d'une noblesse de sentiments qui faisait ma secrète admiration; d'un commerce que supérieurs, égaux et subordonnés louangeaient à l'unisson; d'une si pénétrante divination du chemin des âmes, que — par exemple — il se plaisait à se dire, du point de vue militaire, mon fils spirituel : — cet officier-là ne pouvait pas ne pas conquérir bien vite le vieux soldat que je suis.

Durant les dix-huit derniers mois de la guerre, alors que je commandais le premier groupe du 54ᵉ d'artillerie, le lieutenant de Montauzan fut, en premier lieu, le second du capitaine Brousseaud; puis, on me le donna comme adjoint. C'est là, surtout, que j'ai appris à le connaître jusqu'au tréfonds, à travers sa cuirasse de modestie; c'est là que je pus l'apprécier à sa très haute valeur; c'est là que nous fûmes réellement compagnons d'armes; c'est là, enfin, que naquit entre nous, dissemblables pourtant par tant de côtés, cette chaude sympathie de camarades de combat dont je me réclame aujourd'hui pour joindre mon chagrin au vôtre, pauvre douloureux père!

Après, de 1919 à 1922, — votre fils à Polytechnique, puis à Fontainebleau; et moi en Cochinchine, — nous gardâmes la religion du souvenir, dans un échange de correspondances qui m'était douce chose, et puis, il y a trois ans, avant son embarquement, Maurice vint me voir à Toulon. Sachant à quel ardent homme de guerre je donnais l'accolade, et connaissant sa témérité au combat, je ne le voyais point partir sans une fine petite piqûre d'appréhension; mais ce magnifique pur sang me soulevait d'un tel enthousiasme, que je trouvais indigne de lui de sembler craindre pour lui, et de donner seulement le soupçon que cet au revoir pouvait être un adieu!

Hélas!...

Déjà, il y a quelque trois mois, le bruit avait couru au 38ᵉ d'artillerie coloniale, ici, à Toulon, que « le capitaine de Montauzan était porté comme disparu ». Après bien des semaines d'angoisse, je finis par avoir une réponse précise à l'une des nombreuses demandes de renseignements: le fait était controuvé; votre fils venait d'échanger un matériel de campagne contre une batterie de montagne, et était en opérations dans l'Ouest. Une batterie de montagne! l'objet de son désir depuis trois ans qu'il guerroyait au Maroc : « parce que, m'écrivait-il chaque année, avec ces canons-là, on affronte de plus près le danger. » Dire qu'alors j'en conçus une plus grande inquiétude, non : parce que déjà le front se stabilisait manifestement, dans l'Ouest plus qu'ailleurs. Ah! quel réveil quand m'arriva, hier soir, le *Nouvelliste* de jeudi. J'aurais dû craindre, pourtant : si souvent j'ai constaté pendant la guerre, que le Destin assigne comme rançon au prestige de notre France l'holocauste des plus beaux, des plus chevaleresques, des plus purs de ses enfants : j'entends ceux qui donnent au mot « servir » toute sa haute et totale signification de sacrifice !

La volonté de Dieu soit faite et non la nôtre. Plaise à Lui, toutefois, de permettre que soit agréée par vous, cher Monsieur, la sincère compassion avec laquelle j'ai l'honneur d'être votre très humble et très obéissant serviteur.

C^t MARCHAT.

LETTRE DU LIEUTENANT DE SAINT-JULIEN

de la 1re batterie du régiment d'artillerie coloniale du Maroc

A M. C. GERMAIN DE MONTAUZAN

A LYON

Camp de Mahiridja, le 8 novembre 1925.

Monsieur,

Votre lettre est venue me trouver hier, au moment où je m'apprêtais justement à venir vous donner quelques détails sur la fin si rapide et si bouleversante de votre pauvre fils, de notre cher capitaine regretté, qui nous a été enlevé comme par un coup de foudre, nous laissant tous abasourdis par ce triste événement.

Je connaissais le capitaine de Montauzan depuis fin juillet seulement, au moment où, envoyé de France pour l'instruction des nouvelles batteries du matériel de montagne Schneider, je l'avais rencontré à Kenitra, étant chargé de m'occuper spécialement de la 1re batterie. Tout de suite enthousiasmé par son entrain, son allant, par tout le bien qu'en disaient tous ses subordonnés, en particulier son lieutenant (Roger) qui ne tarissait pas d'éloges sur son cran, sa bravoure, sa bonté, — je n'avais eu de cesse que je ne fusse affecté à sa batterie : ce à quoi il m'avait d'ailleurs aidé. Ensemble nous étions partis de Kenitra et avions passé en commun deux mois de colonne et de campagne. Je m'étais attaché à lui comme s'y attachaient tous ceux qui l'ont approché. Je l'aimais à double titre, comme chef et également comme camarade, car c'est ainsi qu'il nous traitait, Roger et moi.

Le 15 octobre au matin, nous nous trouvions au bivouac de Tizi-el-Majen (70 kilomètres environ N.-E. de Taza, en ligne droite, à peu près à mi-distance entre Ajdir et Guercif, et près de l'oued Arlef). Nous avions reçu la veille déjà quelques coups de fusil en rentrant d'une reconnaissance : c'étaient les premiers dans la région ; mais la nuit avait été calme. Le capitaine partageait avec Roger une tente commune ; la mienne était à quelques mètres à côté. Vers 6 h. 1/2, j'étais sorti le premier dehors et étais venu saluer mon capitaine et Roger qui se levaient ; puis j'étais parti à la binoculaire essayer de repérer quelques tireurs ennemis qui nous envoyaient des balles, lorsqu'un ordonnance, qui avait entendu quelques gémissements, accourt vers moi en me criant : « Le capitaine et le lieutenant sont blessés. » Je me précipite à la tente et aperçois près de la porte le lieutenant Roger affalé sur son lit ; le sang s'écoulait en abondance de la nuque. Le temps de mettre mon mouchoir pour comprimer l'ouverture de la plaie et arrêter l'hémorragie ; puis, confiant ce soin à un homme accouru, je bondis auprès du capitaine étendu sur son lit et gémissant en soupirant fortement, bien qu'ayant conservé toute sa connaissance. Le déshabillant, je trouvai au bout de quelques minutes la plaie sur le côté droit, par où le sang coulait doucement. L'infirmier de la batterie, accouru aussitôt, lui faisait un pansement provisoire, pendant que le commandant de groupe, le chef d'escadron Germain, arrivait en courant. Mais les balles nous arrivant en plus grand nombre, je partis aux pièces pour déloger les tireurs ennemis, qui venaient d'être repérés par l'adjudant, et je réussis à arrêter leur tir au bout de dix minutes environ. Je retournai alors retrouver le capitaine, transporté à l'ambulance mobile, à quelques centaines de mètres de là, avec le lieutenant Roger. Ils étaient déjà soignés par le médecin et assistés du commandant Germain et de ses officiers-adjoints. Tous deux, bien affaiblis, avaient toute leur connaissance. Le capitaine de Montauzan, étendu sur un brancard, me reconnut parfaitement, me sourit, et sa main que j'avais prise se serra sur la mienne. « Mon capitaine, je vous ai vengé, lui dis-je. Ils sont partis, ils ne tirent plus ». Il me répondit : « Merci ! ». Il n'avait presque plus la force de parler ; pourtant il demandait de temps en temps des nouvelles de son lieutenant : « Et Roger ? Et Roger ? » Roger, à peu de distance de lui, put aussi lui prendre la main et la conserva longtemps...

Quoique l'hémorragie fût arrêtée, nous le voyions s'affaiblir de plus en plus. Puis, tout d'un coup, le sang apparut au-dessus du pansement et s'écoula à gros flocons. Et, après quelques convulsions, il s'éteignit doucement, son chapelet dans les doigts.

Son agonie avait duré de trois quarts d'heure à une heure environ.

La même balle, après avoir blessé le lieutenant Roger à la nuque, avait traversé le capitaine, rentrant un peu au-dessous de l'aisselle droite et en arrière, et apparaissait repoussant les chairs à hauteur de la hanche gauche.

L'après-midi, vers 14 heures, il fut transporté jusqu'à Souk-el-Silk à l'ambulance d'évacuation, qui le dirigea sur Guercif, *via* Hassa-Ouensgha. Et c'est à Guercif qu'il fut inhumé, accompagné jusqu'au cimetière par deux lieutenants du régiment détachés à l'aviation à Guercif, qui déposèrent sur sa tombe une couronne, au nom des officiers du R. A. C. M...

Lors du passage du groupe à Guercif, le 31 octobre, a eu lieu une cérémonie à laquelle assistaient tous les officiers du groupe et tous les hommes disponibles de sa batterie; cérémonie au cours de laquelle furent déposées solennellement deux couronnes [1], une au nom des officiers du 1er groupe, l'autre au nom de la 1re batterie, et après une touchante allocution du commandant Germain.

Vous dire ce qu'a été regretté le capitaine de Montauzan au groupe, je ne pourrai mieux vous l'expliquer qu'en vous apprenant qu'il était idolâtré par ses hommes, par tous sans exception. Il savait tellement se faire aimer! Pour nous, ses officiers et ses camarades — je parle de Roger et de moi, — il avait su nous rendre notre service doux, agréable et facile; et pour ma part, je l'aimais comme je n'ai jamais aimé un chef...

J'ai pensé que vous seriez heureux d'avoir des photographies

---

[1] Toutes ces couronnes, ainsi que la croix de bois surmontant la tombe de Guercif l'ont accompagné jusqu'à sa sépulture définitive à Lacenas (Rhône)

le concernant. J'ai pu prendre une vue de sa tente quelques instants après sa mort, ainsi d'ailleurs qu'une vue de sa tombe à Guercif; et dès que je le pourrai, je vous communiquerai ces souvenirs [1].

Je vous prie, Monsieur, d'agréer mes sincères et respectueuses condoléances pour l'immense malheur qui vous frappe, et puis vous affirmer que le capitaine de Montauzan est mort pleuré et regretté de tous ceux qui l'ont approché.

L^t Сн. de Saint-Julien.

---

[1] M. le lieutenant de Saint-Julien a bien voulu, en effet, les envoyer. Qu'il en soit encore bien profondément remercié.

LETTRE DU LIEUTENANT ROGER

de la 1re batterie du régiment d'artillerie coloniale du Maroc

A M. C. GERMAIN DE MONTAUZAN

A LYON

Hôpital de Guercif, 10 novembre 1925.

Monsieur,

Après mon camarade de Saint-Julien, je veux aussi vous parler de notre capitaine. Tous les détails sur les circonstances qui ont précédé et suivi sa mort vous étant déjà donnés, je ne saurai que m'étendre sur sa bonté, sa noblesse, et vous dire la fierté que nous avions tous dans la batterie d'être sous les ordres du capitaine de Montauzan.

Arrivé à Casablanca le 20 mai, et affecté à la 1re batterie en opérations, je le rejoignais le 27 mai à Tafrant. Et, jusqu'au 15 octobre, je ne me rappelle avoir quitté mon capitaine que deux jours, qu'il alla passer à Casablanca lors de notre séjour à Kenitra au mois d'août. J'ai donc vécu sa vie pendant près de cinq mois : cinq mois où il fut tout pour moi, mon chef, mon ami, mon idéal.

Ses pressentiments ? Aucun. Il avait fait don de sa vie et me parlait de sa mort possible à tout moment, avec tant de simplicité, que je restais parfois abasourdi devant un si grand esprit de sacrifice. Mon admiration pour lui était sans bornes. Au combat, sa science, qui était grande, l'avait fait placer au tout premier rang, et l'estime que lui témoignaient nos grands chefs du début, Colombat, Freydenberg, Micholin, Callais, etc., en est la preuve. — Pendant les étapes que nous fîmes côte à côte d'Ouezzan à Bibane, de Bibane à Taza, il était toujours à pied, en tête de la batterie, la sienne, car nous n'étions et ne voulions être qu'à lui. D'aucuns le traitaient alors d'original. Je l'aimais et le connaissais trop pour ignorer son âme mystique, sa grande âme qui demandait à souffrir toujours.

Nos hommes avaient une vraie vénération pour leur capitaine. Combien en a-t-il redressés et remis dans le droit chemin, qui étaient prêts à sombrer!

Il était si bon pour eux! Il les connaissait tous avec leurs qualités et leurs défauts. Et il savait, lui si noble, être si simple avec eux. Il vous eût fallu entendre avec quelle fierté, quel orgueil ils répondaient, lorsqu'un étranger demandait : « Quelle est cette batterie? » — « Batterie de Montauzan! » Avec un autre chef, ç'eût été : « 1ʳᵉ batterie coloniale. »

Ses amis au Maroc ? — Paradoxal peut-être, mais tous les officiers qui l'avaient à peu près connu ; deux particulièrement : lieutenant Eprinchard, 64ᵉ d'artillerie à Casablanca ; et surtout, de beaucoup au-dessus de tous, le capitaine de Perthuis, à qui moi-même ai annoncé l'affreuse nouvelle avec tous les détails, et que certainement il vous communiquera.

Son état d'esprit ? — Gai, sans être jamais exubérant ;

heureux de sa vie active et de prendre une grande part à la guerre rifaine; conquis par le Maroc, non par ses attraits et ses charmes, mais comme étant, de tout notre domaine colonial, la vraie terre de sacrifice.

Pour nous alléger le plus possible, nous avions une tente commune. Et souvent, le soir, pris d'un désir, d'un besoin d'épanchement, je m'ouvrais à lui. Je lui parlais de tout : des miens, de mon enfance, de ma vie passée, de mes aspirations, de mes désirs. Longtemps il m'écoutait parler; et moi je regardais ses yeux si bons, si doux, qui me faisaient me livrer à lui tout entier. Parfois, lui aussi rappelait pour moi ses souvenirs d'enfance, me parlait des siens, de sa mère surtout qu'il adorait, et combien il avait souffert en la perdant aussi brutalement.

Je voudrais vous parler de lui des heures entières. Sa vie était si belle, sans une tache pour la ternir! Il croyait en Dieu, puissamment, profondément; à sa divine volonté il reportait tous ses actes; et il est mort comme un saint. Il n'a pas été que regretté, il a été pleuré par nous tous. Je voudrais que cela vous fût une consolation, sachant combien vous avez perdu par la mort du capitaine.

Je vous prie de croire, Monsieur, à ma grande peine et à la part que je prends à ce grand malheur.

Il sera vengé : de Saint-Julien et moi en avons fait le serment.

Lt ROGER.

LETTRE DU CAPITAINE DE PERTHUIS

A Mme DE M...

A PARIS

Ouezzan, le 11 décembre 1925.

Chère Madame,

Votre bonne lettre ne fait seulement que me parvenir. Elle a été me chercher un peu partout. Je m'empresse bien vite d'y répondre, de vous donner tous les détails que vous me demandez, sachant, ayant pu juger, de quelle affection vraie vous entouriez mon si cher camarade de Montauzan. Je le pleure comme je pleurerais mon frère lui-même, s'il venait à disparaître ; et, à en juger par la douleur qui m'étreint, votre peine doit être immense.

Je n'ai appris sa mort que très tardivement. Nous étions assez éloignés l'un de l'autre, après avoir connu la joie du revoir ! C'est Roger, son lieutenant et ami, qui m'a prévenu. Il a été blessé lui-même par la même balle qui a mortellement atteint Maurice, et il m'a donné tous les détails sur la fin de cette âme d'élite.

Après avoir pris une part très active aux opérations de mai, juin, juillet, août, d'abord sur Tafrant, Bibane, dans la région d'Ouezzan, où j'ai eu la joie de le revoir à plusieurs reprises différentes, puis sur Oued-Hamrime et Aïn-Bou-Aïssa, sa batterie avait rejoint Kenitra pour changer son matériel. J'espérais le revoir encore dans la région d'Ouezzan. Déception : le 27 septembre, il rejoint le secteur de Taza, et, jusqu'au 8 octobre, séjourne à Sidi-Belkacem. Le 10 octobre, il rallie Souk-el-Selt d'Aïn-Amar ; le 12 octobre, le groupement Duffour à Tizi-el-Majen, et le 13 la brigade de cavalerie Durand. Le 14, il revient à Tizi-el-Majen. Or, depuis le 4 octobre, sa batterie circule en plein pays dissident, et, chose incroyable, sans recevoir ni entendre un coup de fusil. Est-ce le recul de quelques kilomètres de la brigade Durand qui fait croire aux « salopards » que le moment de décrochage est venu ? Toujours est-il qu'à partir du 14 octobre, vers midi, le camp Duffour, où campe la batterie de Montauzan, est entouré de dissidents qui, des hauteurs avoisinantes, commencent à tirailler sur le camp. Maurice fait alors tirer ses canons sans arrêt, et son feu précis et meurtrier réussit à déloger les salopards. Le 15 octobre, dès l'aube, les coups de feu recommencent ; les balles portent surtout autour de la batterie. Roger, qui occupe la même tente que son capitaine, cause depuis un bon moment avec lui. Une rafale de balles tombe autour d'eux. Il demande alors de donner la parole aux canons, et, au moment précis où il se lève, il reçoit une balle qui le blesse à la tête, au-dessus de l'oreille, et traverse Maurice de part en part ! Il était 7 heures du matin.

Lorsque Roger reprend connaissance, mon pauvre Montauzan est couché près de lui, dans un marabout qui sert d'ambulance. Il se savait déjà mortellement atteint. Jusqu'au bout il conserva toute sa connaissance. Il devait avoir la colonne vertébrale brisée !

Très près de la fin, il réclame son lieutenant; mais comme il ne peut le voir, il le prend par la main. Geste vraiment touchant de tendresse et d'affection ! — Vers 8 heures, il s'éteint tout doucement, sans une plainte. Il devait se savoir mortellement atteint, car il avait demandé son chapelet, qu'il tenait pieusement de l'autre main. Il était adoré de tous ceux qui l'ont connu, et, durant cette heure qu'il passa à souffrir sans qu'une seule plainte sortît de sa bouche, ce fut, m'écrit Roger, un défilé ininterrompu d'officiers et de soldats. Tous avaient les yeux remplis de larmes. Son ordonnance, Loriot, était écroulé à ses pieds, à demi-fou de douleur ! — Il repose dans le cimetière de Guercif, et — geste vraiment touchant des humbles, de ses chères « gueules noires », — *tous* sont allés déposer une modeste fleur sur sa tombe.

J'aimais beaucoup mon cher de Montauzan. Il représentait à mes yeux l'ami parfait, possédant une belle âme si droite et si loyale. Il était si bon : un vrai cœur d'or ! Nous avions les mêmes idées ! La dernière fois que je l'ai vu, au camp de l'Adir, à Ouezzan, nous nous sommes donné l'accolade, et j'ai senti sous son étreinte fraternelle combien lui aussi m'aimait. Ce sentiment de tendre affection qui nous unissait était pour nous, sur cette terre d'exil, un bien précieux réconfort. La mort me l'a ravi !

C'est lui-même, à Casablanca, qui m'avait remis la petite

photographie que je vous ai montrée. Malheureusement, je ne possède pas le cliché, et je n'ai encore pu savoir qui pourrait me le procurer. Mais je pense à son pauvre père, à sa famille, à ses amis, et je me permets de la joindre à ma lettre, ainsi que vous m'en exprimez le désir.

Dès que je le pourrai, je me rendrai moi-même à Guercif, pour m'incliner et prier sur sa tombe. J'en profiterai pour la photographier, afin que je puisse vous envoyer ce dernier souvenir du cher et loyal soldat tombé en héros pour la France qu'il aimait tant, et que pleurent tous ceux qui l'ont connu...

Je vous prie de bien vouloir agréer, chère Madame, mes plus respectueux hommages et ma bien sincère amitié.

C^{ne} DE PERTHUIS.

LETTRE DU LIEUTENANT BIRAUD

Directeur du parc au 372ᵉ régiment d'artillerie de Châlons-sur-Marne

A LA FAMILLE DU CAPITAINE GERMAIN DE MONTAUZAN

Paris, hôpital du Val-de-Grâce, le 5 novembre 1925.

Permettez à un ancien camarade et à un modeste ami de Maurice Germain de Montauzan de vous dire avec quelle émotion il vient d'apprendre (par une lettre de l'*Union des X catholiques)* la mort de son camarade, et combien il s'unit à votre deuil et à vos prières.

Je n'ai guère connu le capitaine de Montauzan qu'après l'Ecole Polytechnique, à Fontainebleau, où nous habitions porte à porte. Pur, loyal, exemplaire en tout, et, chose si rare..., bon camarade, il était l'édification de la promotion. On sentait en lui un saint militaire qui nous dépassait tous, et de combien! — à la manière d'un Psichari, que l'ombre du mal n'aurait jamais effleuré. Taciturne et rêveur, il donnait l'impression d'une âme pleine de vie intérieure qui, sans doute, avait beaucoup souffert, qui aussi rêvait farouchement de sacrifice. Combien de fois me suis-je dit que notre camarade était marqué pour le sort héroïque qui vient de l'atteindre? C'est ce qui double aujourd'hui mon émotion, d'avoir entrevu cette prédestination. Bien des fois nous nous sommes rencontrés à l'église de Fontainebleau, aux réunions religieuses de camarades; on s'expliquait là où il puisait cette admirable force d'âme.

Il ne fait point de doute que Dieu ait déjà voulu donner sa pleine récompense à une âme qui l'a tant aimé et désiré. A ce que je perds en mon camarade, à ce que perd l'artillerie, je devine ce que perdent les siens et je les prie de croire à ma fidèle sympathie et à mes meilleures prières.

Lt Biraud.

LETTRE DU LIEUTENANT ÉPRINCHARD

du 64ᵉ d'artillerie, à Casablanca (Maroc)

AU LIEUTENANT ROGER

Casablanca, 15 novembre 1925.

Mon cher Roger,

Je te remercie d'avoir pensé à m'envoyer de tes nouvelles après les mauvais jours que tu viens de passer. Je n'ignorais pas que ce pauvre de Montauzan avait été tué. Il était tellement sympathique à tout le monde, et tellement connu au Maroc, que la fatale nouvelle s'est rapidement répandue, même dans Casa. Personnellement, comme tu dois le penser, ma peine a été immense. Le peu de temps que j'ai vécu près de lui m'a suffi pour découvrir tout ce qu'il y avait d'admirable et de bon dans son grand cœur de soldat. Il a trouvé la mort qu'il désirait. Il en parlait quelquefois, et même encore lorsque vous m'avez quitté tous les deux. Tu dois t'en souvenir. Il est à souhaiter qu'il y en ait encore comme lui sur la terre. Ça consolerait peut-être d'y rencontrer trop de sales âmes...

A bientôt, j'espère. Toutes mes meilleures amitiés.

Lᵗ Eprinchard.

LETTRE DU LIEUTENANT ROGER

A M. G. DE MONTAUZAN

A LYON

Rabat, le 4 janvier 1926.

Cher Monsieur,

Un mois exactement aujourd'hui que j'ai dû, après avoir eu l'illusion d'être guéri, subir une trépanation. Depuis quelques jours seulement, je recommence à marcher, mais je suis assez fatigué... Maintenant je reprends entièrement confiance, et j'espère une guérison complète et prochaine... Peut-être même pourrai-je rejoindre ma batterie bientôt sans être tenu de prendre une convalescence... La batterie reste pour moi la « batterie de Montauzan », et j'ai obtenu du commandant Germain que ma place y serait réservée.

J'ai eu la visite, la semaine dernière, de mon infirmière à Guercif, Mme de la Croix, venue à Rabat passer quelques jours. Elle a bien voulu accepter de s'occuper de la tombe de mon si cher et regretté capitaine, d'aller quelquefois y prier et, pour nous, y entretenir quelques fleurs... Elle fut si bonne pour moi à mon arrivée à l'ambulance, elle comprit si bien ma douleur, lorsque je lui parlais de lui, que c'est certainement la seule personne à qui je pouvais m'adresser. Lorsque j'aurai rejoint ma batterie et tant que je serai à Mahiridja, plus que tous je me chargerai de ces soins. Vous pouvez être certain que, tant que je serai au Maroc, sa tombe ne sera pas abandonnée. Mme de la Croix m'a annoncé que le grand camp de Guercif s'appellera désormais *Camp de Montauzan*. Cela prouve combien est grand le souvenir laissé par votre cher fils.

Le régiment vous a-t-il envoyé la citation du capitaine? J'ai pu l'avoir par un camarade à l'Etat-Major, et en voici le texte :

« Germain de Montauzan, Maurice-Michel-Etienne.

« Capitaine d'artillerie coloniale. Cité à l'ordre de l'armée.

« Officier de la plus haute valeur; commandant une batterie « devenue, grâce à lui, légendaire au Maroc. Figure militaire « inoubliable. A su inspirer à ses hommes une véritable véné- « ration en leur donnant l'exemple des plus belles qualités « militaires. Blessé mortellement à son poste, au camp de Tizi « el Majen, le 15 octobre 1925 [1]. »

Une proposition pour officier de la Légion d'honneur a été faite dès sa mort, mais il paraît que cette récompense ne peut être accordée à titre posthume; c'est stupide, et beaucoup de réclamations ont été faites à ce sujet.

Si je rentre en France, en convalescence, j'irai vous rendre visite à Lyon. Je voudrais tant pouvoir vous parler de lui lon-guement... Ma peine ne s'atténuera pas, car je sais bien que je ne rencontrerai plus dans ma vie militaire un chef aussi doux et

---

[1] C'est en effet sous cette forme que la citation fut proposée. On en a pu lire plus haut, page xi, la rédaction définitive, aussi belle.

bienveillant, aussi noble, qui aurait pu me faire *homme* à son image.

Maintenant, je voudrais pouvoir vous exprimer mes vœux de nouvel an. L'année écoulée a été trop dure, trop méchante pour vous. Puis-je vous souhaiter des joies au cours de celle-ci? Ce ne pourrait être qu'au souvenir de la vie si droite, si pure, et de la mort si glorieuse de *mon* capitaine. Mais cette perte s'accompagne de trop de chagrins, et je ne sais que vous assurer de la part que je prends à vos peines.

Je vous prie de croire, cher Monsieur, à mon dévouement et à mon respect affectueux.

Lᵗ ROGER.

Mon ordonnance m'écrit de Mahiridja que Lorio Gando, qui fut l'ordonnance de mon capitaine pendant près de deux ans, est toujours aussi triste.

LETTRE DE M. G. H.

Ingénieur civil des Mines

A M. GERMAIN DE MONTAUZAN

A LYON

Saint-Etienne, 18 novembre 1925.

Monsieur,

Je n'ai pas l'honneur d'être connu de vous; mais, ayant été le camarade de régiment de votre fils Maurice, et, j'ose dire, son ami, je ne puis rester muet, et je viens vous dire quelle part je prends à votre deuil, et combien douloureusement j'ai ressenti moi-même la perte que vous venez de faire...

J'ai connu votre fils en janvier 1915, alors que nous accomplissions ensemble à Valence notre peloton d'élèves officiers. C'est là que j'ai été attiré par son admirable droiture, son sens du devoir, son ardent patriotisme, sa très grande bonté et son admirable intelligence. Les convictions religieuses que nous partagions furent entre nous le premier principe d'un rapprochement, qui nous conduisit bien vite de la camaraderie à l'amitié, et fit de nous deux inséparables. De cette amitié d'une âme d'élite, je garde le souvenir comme d'un grand honneur pour moi. J'ai rencontré dans la vie bien peu d'amis avec qui j'aie été en communion d'idées aussi intime qu'avec Maurice.

En quittant Valence, nous allâmes ensemble à l'Ecole de Fontainebleau, de juin à juillet. A la sortie, nous nous séparâmes. Lui rejoignait avec nos deux camarades Collet et Kœchlin (avec qui nous partagions à Valence la chambre que nous avions louée en ville) le 60ᵉ d'artillerie qu'ils avaient choisi pour aller au XXᵉ corps, le corps lorrain, le corps militaire, le corps de sacrifice par excellence, tandis que j'avais demandé le XIIIᵉ corps. Je ne devais jamais les revoir, et, à l'heure actuelle, je suis le seul survivant de ces quatre jeunes hommes dont j'étais l'aîné. Collet et Kœchlin sont tombés pour la France au début de 1916, comme le capitaine Germain de Montauzan en 1925. De cette mort, ils étaient dignes; et si parfois une certaine mélancolie nous étreint, nous les survivants, en songeant à la dilapidation lamentable de leur victoire, de cette victoire qui nous apparaissait si radieuse dans nos rêves étincelants de 1914, par les fantoches de la politique ou les jouisseurs de l'après-guerre, nous ne pouvons cependant pas désespérer : un pays dont les enfants savent mourir ainsi est vivant dans sa gloire...

Que le jour réparateur dût venir, certes ce n'est pas votre fils qui en aurait douté jamais, lui qui connaissait par sa foi profonde l'immense fécondité du sacrifice, et savait y voir le fondement de toute grande œuvre terrestre; lui qui n'ignorait pas que les sacrifices même les plus stériles en apparence sur cette terre s'épanouiront un jour en une immense moisson de

gloire. La lettre admirable que j'avais reçue de lui il y a quelques mois à la suite de la mort de sa mère me l'aurait prouvé,
si je ne l'avais su depuis longtemps. Chevalier de la Légion
d'honneur et capitaine à vingt-huit ans, plusieurs fois cité à
l'ordre, rien de tout cela n'a été pour moi une surprise : tel que
je le connaissais, il était fait pour une telle destinée, il était de
plain-pied avec elle. Pour lui, le métier militaire qu'il aimait
tant était un apostolat, car il ne séparait pas Dieu, dans son
amour, de la patrie qu'il aimait ardemment; et c'est le mot de
sainteté qu'appelle sous ma plume le souvenir de la lettre à
laquelle je viens de faire allusion, héroïque de détachement
dans son austère méditation sur la mort...

Avec l'assurance de ma très profonde sympathie, je vous
prie, Monsieur, de bien vouloir agréer l'expression de mes sentiments très respectueux.

G. H.

LETTRE DE M. BABINET

Ancien élève de l'Ecole Polytechnique

A M. GERMAIN DE MONTAUZAN

A LYON

Boulogne-sur-Seine, le 9 février 1926.

Monsieur,

Je reçois à l'instant la circulaire d'invitation à notre dîner de promotion, qui avait été adressée à notre cher et valeureux camarade de Montauzan, et que vous m'avez retournée... Je ne voudrais pas que vous puissiez me croire personnellement assez indifférent à ce qui touche mes camarades (et particulièrement votre fils pour qui j'avais une profonde estime et amitié), pour que sa mort glorieuse au Maroc m'ait échappé.

Montauzan était aimé de tous pour son affabilité et sa droiture ; j'avais su son départ pour le Maroc comme capitaine d'artillerie, puis l'annonce de sa disparition, puis, après une bonne nouvelle nous disant qu'on le savait de nouveau en bonne santé, la terrible nouvelle de sa mort. J'imagine aisément quelles ont dû être vos angoisses et la profondeur de votre douleur! Croyez bien qu'aucun de nous n'a pu oublier votre fils. Ceux qui avaient pu entrevoir les hautes qualités d'âme qui se

4

cachaient derrière une grande modestie ne peuvent s'empêcher de penser que Dieu l'avait marqué comme un sujet d'élite pour lui demander le sacrifice suprême de sa vie, et pour demander aux siens le sacrifice de le voir ravi à leurs regards et à leur affection. Croyants et incroyants avaient pour lui une pareille estime; mais ceux d'entre nous qui partageaient sa foi le savent maintenant à une place de choix tout près de Dieu. Puisse-t-il s'y employer à adoucir la peine de ceux pour qui sa mort laisse un si grand vide, et servir d'exemple à tous ceux qui l'ont connu et à l'Ecole et dans l'armée.

Veuillez agréer, Monsieur, l'expression de mes sentiments respectueusement dévoués.

A. Babinet.

LETTRE DE M. Marcel CHESNEAU

Ancien sous-officier du R. A. C. M.

A M. GERMAIN DE MONTAUZAN

A LYON

Paris, le 26 mars 1926.

Monsieur de Montauzan,

C'est le cœur bien gros que j'écris ces lignes. Je viens d'apprendre fortuitement la mort du capitaine votre fils. J'en suis bouleversé.

J'avais pu, pendant des mois passés en commun, apprécier son âme, sa sensibilité : sa belle âme, qui était pour moi, qui l'est encore, un exemple aimé.

Je le revois; le souvenir est bien vivant en moi du jour où il nous dit adieu. Notre émotion était si poignante que, m'éloignant et le voyant au loin agiter son képi, je pleurai comme un sot. Ah! Monsieur, si dans votre douleur, après deux pertes si cruelles, la peine d'autrui peut vous être une marque de sympathie réconfortante, acceptez la mienne, profonde.

Je vous demanderai une grâce : daignez accueillir cette demande, vous me ferez un grand plaisir. Je vais aller à Lyon en mai. J'irai vous demander « quelque chose au capitaine, un livre, n'importe quoi, qui me parle de lui, et que je conserverai précieusement. »

Et moi qui croyais à un oubli de sa part, et en souffrais! Plût à Dieu, qu'il en fût ainsi!...

Bien, bien douloureusement vôtre.

Marcel CHESNEAU.

ALLOCUTION

PRONONCÉE

PAR LE COMMANDANT VIAL

Chef d'escadron au 54ᵉ d'artillerie

SUR LA TOMBE DU CAPITAINE GERMAIN DE MONTAUZAN

A LACENAS, le 25 mars 1926

Au nom des anciens combattants du 54ᵉ régiment d'artillerie, j'apporte au capitaine Germain de Montauzan l'expression
de notre affection et de notre admiration.

Maurice Germain de Montauzan arriva au 54ᵉ régiment
d'artillerie à la fin du mois de juin 1916, en pleine bataille de
Verdun, que le régiment menait depuis quatre mois. Certes,
c'était un rude moment pour apprendre la guerre, mais aux âmes
bien trempées comme celle de Germain de Montauzan, plus la
tâche est ardue, plus elles savent trouver le courage et la vertu
nécessaires pour faire face au danger.

Dès les premiers jours de son apprentissage, nous comprîmes
quelle précieuse recrue nous faisions dans ce jeune sous-lieutenant dont la science, la bravoure, le mépris du danger lui
gagnaient vite l'affection de ses hommes et de ses chefs.

Pendant près de trois ans qu'il resta parmi nous, de Montauzan ne se départit jamais de cette manière d'agir, qu'il fît surtout valoir au chemin des Dames et au Kemmel.

A l'armistice, il entra à l'Ecole Polytechnique, et, après un séjour à Fontainebleau, ayant besoin de dépenser cette activité que la vie de garnison en France aurait refrénée, il demanda à passer dans l'artillerie coloniale; et c'est au Maroc que sa nature ardente et généreuse lui permit, en se prodiguant sans compter, de montrer toute la valeur de ses brillantes qualités.

C'est là aussi qu'il devait trouver la mort, que son mépris du danger, dans ce pays d'embûches et de traîtrises, ne lui faisait pas suffisamment redouter.

Après avoir obtenu sur terre des citations, des croix de guerre et la Légion d'honneur, il goûte en ce moment la félicité et la gloire que Dieu décerne aux héros.

Sa vie et sa mort sont pour nous un exemple, dont le souvenir restera toujours vivant parmi nous.

ALLOCUTION

PRONONCÉE

PAR M. JAMBON

Maire de Lacenas

SUR LA TOMBE DU CAPITAINE GERMAIN DE MONTAUZAN

A LACENAS, le 25 mars 1926

Mesdames, Messieurs,

Devant cette tombe si prématurément ouverte, je viens, en ma qualité de Maire, représentant tous les habitants de la commune, exprimer les sentiments de vive sympathie que nous éprouvons tous pour la famille du capitaine Germain de Montauzan, famille que la mort a frappée si durement et à coups redoublés depuis un an.

D'autres personnes, mieux qualifiées et mieux documentées que moi, vous ont retracé la brillante carrière militaire de cet officier d'élite que nous pleurons. Pour ma part, je ne puis que vous rappeler les qualités dont il faisait preuve pendant ses nombreux, mais courts séjours à Lacenas. Chacun de nous a pu remarquer son abord si facile, son visage souriant qui portait l'empreinte de la bonté et de la franchise. Mais ce qui est peut-être moins connu, c'était son ardent amour de la Patrie, si profondément ancré dans son âme, qu'il préférait sacrifier les jours de repos dont il jouissait dans sa famille, pour retourner sur le front au moment où son régiment était appelé à prendre part à une attaque. Il voulait se trouver au milieu de ses chers artilleurs au moment du danger, pour le partager avec eux.

Le capitaine Germain de Montauzan était destiné à un brillant avenir. Hélas! une balle meurtrière a brusquement interrompu une vie si bien, si utilement commencée, et est venue jeter la consternation parmi les siens.

A sa famille si éprouvée, en particulier à son père, nous adressons bien cordialement nos sentiments de condoléance les plus émus.

Reposez en paix, mon cher capitaine, au milieu des vôtres, dans cette petite patrie que vous avez si vaillamment défendue en défendant la France. Votre souvenir restera parmi nous comme le symbole du courage, de l'abnégation, du dévouement et du sacrifice.

Adieu!!

Nous avons réservé, pour les citer en dernier lieu, les deux lettres qui suivent, si émouvantes dans leur noble simplicité, témoignage admirable de ce que peut sur le cœur, non seulement des soldats, mais de leurs parents, l'action d'un chef militaire comprenant tous ses devoirs, dont le premier est celui d'aimer les fils de France qui lui sont confiés, et de se dévouer pour eux.

LETTRE DE Mme CHARRUAU

A LA FAMILLE DU CAPITAINE GERMAIN DE MONTAUZAN

A LACENAS (Rhône)

Villeneuve-la-Comtesse (Charente-Inférieure), 2 janvier 1926.

Notre fils arrive du Maroc, où il a servi sous les ordres du capitaine de Montauzan. Depuis son retour, il n'a cessé de faire l'éloge de son supérieur, en vantant sa bonté, sa justice, sa bravoure.

Ayant appris par l'*Echo de Paris* la mort de son officier, il a écrit, pour savoir la vérité, à sa batterie, car il ne pouvait pas y croire ; et alors les nouvelles lui sont arrivées, terribles.

Le pauvre enfant en a porté le deuil dans son cœur, parce qu'il *aimait* son capitaine ; il nous l'avait dit maintes fois depuis son retour.

De l'entendre dire, nous l'aimions nous aussi sans le connaître, parce qu'il avait été bon pour notre fils. C'est pourquoi nous venons aujourd'hui vous dire la part que nous prenons à votre douleur, et vous féliciter d'avoir un héros parmi vous.

Vous dire encore, moi, la mère du soldat, que je remercie Dieu d'avoir mis près de mon fils un homme qui lui a donné l'exemple de ses mérites et de ses vertus, lesquelles, je crois bien, ont produit une impression favorable sur son caractère.

Recevez de toute notre famille l'assurance de sentiments respectueux.

Mme CHARRUAU.

P.-S. — Nous avons votre adresse, parce que le regretté capitaine avait dit à notre fils et à ses camarades au moment du départ : « Si vous êtes embarrassés dans la vie civile, vous n'avez qu'à m'écrire. » Dernière bonté! René Charruau était brigadier-fourrier, ce qui lui avait souvent donné l'occasion de recevoir ses correspondances.

J'envoie donc cette lettre à l'adresse qu'il se rappelle.

A. CHARRUAU.

LETTRE DE Mme CHARRUAU

A M. G. DE MONTAUZAN

A LYON

Villeneuve, 21 janvier 1926.

Monsieur,

J'ignorais, en effet, par quel membre de la famille de Montauzan ma lettre serait lue.

C'est donc à vous, le père, qu'elle est arrivée!

Puisque vous m'assurez qu'elle vous a fait plaisir, je ne regrette pas d'avoir obéi à mon mouvement.

Je me suis décidée, après avoir bien hésité pourtant; mais mon cœur était plein de reconnaissance envers celui dont le nom revenait tous les jours dans les conversations de notre fils. Celui-ci est très touché de la sympathie que vous lui exprimez, très touché aussi de la bonne idée qui vous a fait lui envoyer la belle citation de son capitaine.

Cette citation résume tout ce qu'il nous avait déjà dit sur son chef.

Je peux vous dire qu'il est fier qu'un camp porte le nom qu'il aime, et un peu fier d'avoir marché sous ce nom.

Mais, Monsieur, je vous dis des choses qui vont vous faire

souffrir encore, en remuant votre grande douleur, que nous avons bien ressentie dans votre lettre, qui nous a tous fait pleurer en nous associant à votre chagrin.

Mon fils aurait dû vous écrire lui-même; mais il est jeune, excusez-le, Monsieur, je vous prie; nous sommes des paysans, et son âge le rend plus embarrassé que moi, qui suis vieille. C'est pourquoi il s'en rapporte à ce que je peux faire pour vous transmettre son grand respect et son remerciement.

Recevez, Monsieur, l'assurance des sentiments respectueux de toute la famille, qui s'unit pour s'incliner devant votre grande douleur.

A. Charruau.

TABLE

Société Anonyme de l'Imprimerie A. Rey, 4, rue Gentil, Lyon.

9 782329 508474